## Glamour pur

Edle Schmuckstücke aus wunderschönen, kostbaren Kristall-Schliffperlen von Swarovski®, kombiniert mit Rocailles und Glasschliff-Perlen, können Sie mithilfe dieses Buches ganz einfach selber machen.

Mit einfachen Fädeltechniken zaubern Sie die tollsten Ringe, Anhänger und Ketten. Bei den Farbkombinationen können Sie Ihrer Fantasie freien Lauf lassen und so ganz individuelle, auffällige Schmuckstücke kreieren. Ob einzeln getragen oder als Ensemble kombiniert, ob Ton in Ton oder in starken Kontrastfarben, für den Tag oder einen großen Auftritt am Abend – Glamour pur ist garantiert!

Viel Spaß beim Fädeln!

Die Motive lassen sich in folgende Schwierigkeitsgrade unterteilen:

● ○ ○ einfach ● ● ○ etwas schwieriger ● ● ● anspruchsvoll

**LEGENDE**

- ○ Rocailles, ø 2 mm oder ø 2,6 mm
- ◇ Swarovski®-Kristall-Schliffperlen, ø 4 mm
- ◇ Swarovski®-Kristall-Schliffperlen, ø 6 mm
- □ Swarovski®-Würfel, 3 mm x 3 mm
- ○ Glasschliff-Perlen, ø 3 mm, 4 mm oder 6 mm
- □ Quetschperlen
- → Kreuzung der Knüpffäden

**Tipp: Achten Sie bei Rocailles auf das Waschbarkeits-Symbol. Nicht waschbare Perlen verlieren durch das Tragen und den Hautkontakt ihre Farbe.**

**Zu allen Schmuckstücken finden Sie Fädelskizzen und farbige Skizzen, aus welchen die Farben der verwendeten Perlen ersichtlich werden.**

# Materialien

## Kristall-Schliffperlen von Swarovski®

Kristall-Schliffperlen bestechen durch ihre klaren, wunderschönen Farben und den absolut präzisen Schliff. Für die gezeigten Schmuckstücke wurden Doppelkegel, ø 4 und 6 mm, in verschiedenen Farben verwendet.

## Glasschliff-Perlen

Glasschliff-Perlen, ø 3 mm, 4 mm und 6 mm, sind nahezu rund. Sie sind gelüstert, das heißt, die Farben schimmern regenbogenartig.

## Rocailles

Hier gibt es eine fast unendliche Auswahl an Farben. Es werden Rocailles, ø 2 mm und 2,6 mm, verwendet.

## Nylonfaden

Nylonfaden, ø 0,25 mm, wird für alle Schmuckstücke benötigt.

## Kunststoffummantelter Schmuckdraht

Kunststoffummantelter Stahldraht wird in verschiedenen Farben und Stärken angeboten.

## Quetschperlen

Quetschperlen sind Metallperlen, die mit einer Flachzange kräftig zusammengedrückt werden und so Schmuckdraht oder Nylonfaden einklemmen. Sie werden in Silber und Gold mit einem ø von 1,8 mm verwendet.

## Verschlüsse

Im gut sortierten Fachgeschäft sind die verschiedensten Modelle erhältlich. Für Lederbänder werden spezielle Verschlüsse mit Klemmschiene angeboten.

# Hilfsmittel

Die benötigten Hilfsmittel werden in den einzelnen Materiallisten nicht nochmals aufgeführt.

## Moosgummiplatte

Moosgummiplatten als Arbeitsunterlage verhindern das Wegspringen der Perlen.

## Alleskleber

Mit Alleskleber die verknoteten Nylonfäden sparsam betupfen und dadurch zusätzlich sichern.

## Schere

Sehr kleine und spitze Schere zum Kürzen des Nylonfadens.

## Pinzette

Eine schmale, gerade und spitze Pinzette um Nylonfaden zwischen Perlen fassen zu können.

## Kneifzange

Kleine Kneifzange zum Durchtrennen von Schmuckdraht.

## Flachzange

Eine schmale Flachzange zum Zusammendrücken von Quetschperlen und Anbringen von Verschlüssen.

# So wird's gemacht

## Fixieren von Perlen

Auf Schmuckdraht oder Nylonfaden eine Quetschperle, eine Schmuckperle und eine weitere Quetschperle fädeln. In der gewünschten Position die Quetschperlen mit der Flachzange kräftig zusammendrücken.

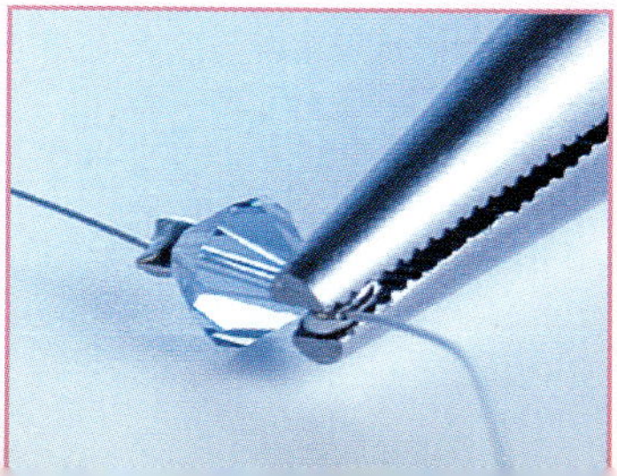

## Anbringen von Verschlüssen

Ein Ende des Schmuckdrahtes oder Nylonfadens durch die Öse am Verschluss ziehen, eine Quetschperle über beide Enden fädeln und mit einer Flachzange kräftig zusammendrücken. Dann den überstehenden Drahtrest mit einer Kneifzange abzwicken. Für Lederbänder Verschlüsse mit Klemmschie-

**Tipp:** Draht sollten Sie nicht mit einer Schere schneiden, die Sie noch anderweitig verwenden möchten.

Benützen Sie keinen Sekundenkleber, da der Nylonfaden sonst brüchig wird!

Sie sollten sich unbedingt an die Größenangaben der Perlen halten, damit die Schmuckstücke gelingen.

Die Farben der Schmuckstücke können Sie nach Ihrem Geschmack abändern.

Wunderschön sieht es aus, wenn Sie sich Ring und Kette passend arbeiten. Auf Seite 32 sehen Sie dafür ein Beispiel.

WEITERFÜHRUNG

## So wird's gemacht

nen verwenden. Das Band in die Schiene legen, diese mit einer Flachzange kräftig zusammendrücken.

### Fädeltechniken

Die Fädeltechniken werden bei den einzelnen Objekten genau beschrieben. Am Beispiel der einfachen Ringe auf Seite 5 und der Blümchenringe auf Seite 6 werden die Grundtechniken erklärt. Wichtig: Beim Fädeln unbedingt auf gute Fadenspannung achten.

### Beenden der Fädelarbeit

Bei Ringen zur Stabilisierung die Ringschiene nochmals zurückfädeln. Bei allen Fädelarbeiten die beiden Fäden an einer unauffälligen Stelle miteinander verknoten. Mithilfe eines Zahnstochers Alleskleber auf den Knoten geben, dann nochmals verknoten. Den Knoten möglichst in eine Perle ziehen, dann die überstehenden Fadenenden abschneiden.
Es ist auch möglich statt zu knoten die Fäden so lange im Muster zu verweben, bis sie fest sitzen. Eine sehr elegante, aber etwas mühevolle Arbeit.

# Einfache Ringe

→ schnell gemacht

## Grundtechnik Ringschiene

Alle auf Seite 5 gezeigten Ringe werden in der Grundtechnik für Ringschienen gefädelt und unterscheiden sich nur durch die Art und Anzahl der verwendeten Perlen. Die gezeigten Kombinationen unterhalb der gestrichelten Linie eignen sich alle als Ringschiene für die im Buch gezeigten Ringe.

**Tipp: Für Ringschienen sollten Sie keine Swarovski®-Perlen verwenden, da sie scharfkantig und unbequem sind. Rocailles und Glasschliff-Perlen eignen sich am besten.**

**Für Ringschienen sind keine genauen Mengenangaben möglich, da sie von der jeweiligen Ringgröße abhängen. Für alle im Buch gezeigten Modelle können Sie sich jede beliebige, im Folgenden gezeigte Variante aussuchen. Sie werden bei den jeweiligen Modellen nicht beschrieben.**

**1** Die Perlen gemäß der Skizze aufnehmen, durch eine Swarovski®-Perle kreuzen und die Arbeit in die Mitte des Fadens schieben. Das Muster gemäß der Skizze weiterarbeiten.

**2** Nach dem gleichen Prinzip die Ringschiene unterhalb der gestrichelten Linie aus Rocailles bzw. Glasschliff-Perlen arbeiten.

**3** So lange weiterarbeiten, bis der Ring passt. Den Ring schließen, indem durch die mit Pfeil markierte Perle gekreuzt wird. Danach wie oben beschrieben fertig stellen.

Ring in Orange und Grün

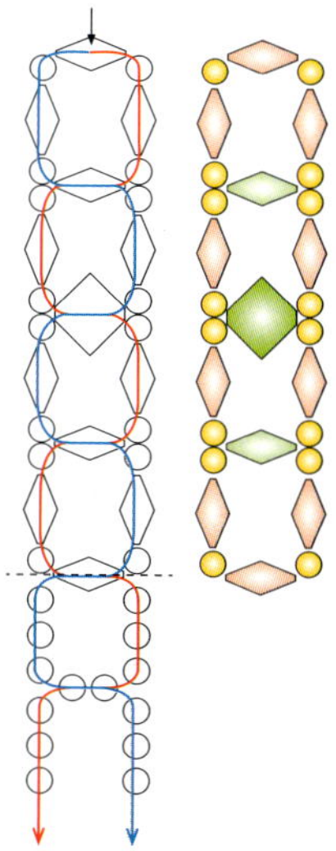

Ring mit Würfeln

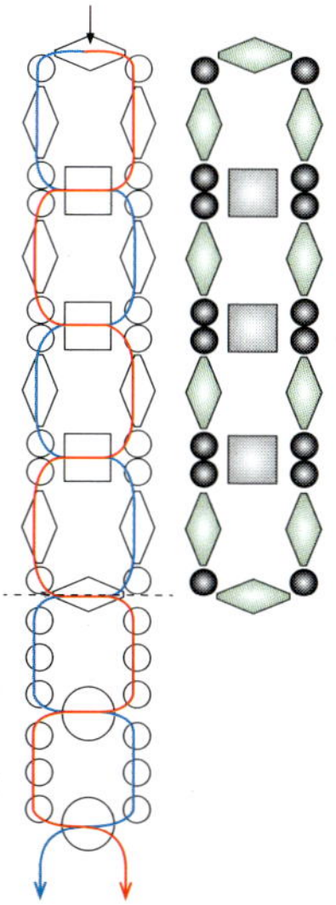

Ring in Rosa, Gelb und Grün

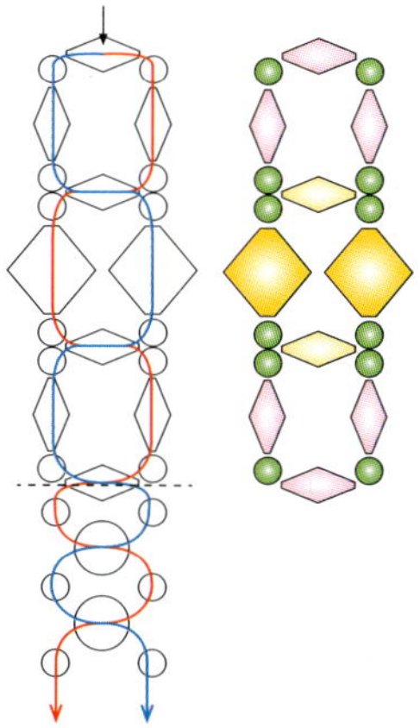

**MATERIAL**

**RING IN ORANGE UND GRÜN**

- Swarovski®-Perle in Jade, ø 6 mm
- 10 Swarovski®-Perlen in Orangerot, ø 4 mm
- 2 Swarovski®-Perlen in Jade, ø 4 mm
- Rocailles in Gelb, ø 2 mm
- Nylonfaden, ø 0,25 mm, ca. 1 m lang

**RING MIT WÜRFELN**

- 3 Swarovski®-Würfel in Mondstein, 3 mm x 3 mm
- 10 Swarovski®-Perlen in Smaragd, ø 4 mm
- 6 – 9 Glasschliff-Perlen in Mondstein, ø 4 mm
- Rocailles in Schwarz, ø 2 mm
- Nylonfaden, ø 0,25 mm, ca. 1 m lang

**RING IN ROSA, GELB UND GRÜN**

- 2 Swarovski®-Perlen in Goldgelb, ø 6 mm
- 2 Swarovski®-Perlen in Goldgelb, ø 4 mm
- 6 Swarovski®-Perlen in Rosa Chiffon, ø 4 mm
- 6 – 9 Glasschliff-Perlen in Rubin, ø 4 mm
- Rocailles in Hellgrün, ø 2 mm
- Nylonfaden, ø 0,25 mm, ca. 1 m lang

# Blümchenringe

→ Glanzstücke

**RING IN BLAUTÖNEN (MIT DREI BLÜMCHEN)**

- 6 Swarovski®-Perlen in Eisblau, ø 4 mm
- 6 Swarovski®-Perlen in Royalblau, ø 4 mm
- 10 Glasschliff-Perlen in Onyx, ø 4 mm
- Rocailles in Türkis, ø 2 mm
- Nylonfaden, ø 0,25 mm, ca. 1 m lang

**RING IN GRÜN UND MONDSTEIN (MIT VIER BLÜMCHEN)**

- 8 Swarovski®-Perlen in Mondstein, ø 4 mm
- 8 Swarovski®-Perlen in Meergrün, ø 4 mm
- 12 Glasschliff-Perlen in Onyx, ø 4 mm
- Rocailles in Schwarz gelüstert, ø 2 mm
- Nylonfaden, ø 0,25 mm, ca. 1 m lang

**RING IN TRANSPARENT (MIT SECHS BLÜMCHEN)**

- 24 Swarovski®-Perlen in Mondstein, ø 4 mm
- 17 Glasschliff-Perlen in Bergkristall, ø 4 mm
- Rocailles in Silber, ø 2 mm
- Rocailles in Schwarz gelüstert, ø 2 mm
- Nylonfaden, ø 0,25 mm, ca. 1 m lang

**RING IN TÜRKIS UND BLAU (MIT NEUN BLÜMCHEN)**

- 24 Swarovski®-Perlen in Ind. Türkis, ø 4 mm
- 12 Swarovski®-Perlen in Eisblau, ø 4 mm
- 24 Glasschliff-Perlen in Onyx, ø 4 mm
- Rocailles in Silber, ø 2 mm
- Nylonfaden, ø 0,25 mm, ca. 1,30 m lang

## Grundtechnik Blümchenmuster

Diese einfach zu machenden, aber sehr effektvollen Ringe im Blümchenmuster werden alle nach dem gleichen Schema gefädelt und eignen sich sehr gut als Einsteiger-Modelle. Sie bestehen aus einer Oberseite aus Swarovski®-Perlen und Rocailles sowie aus einer Unterseite aus Glasschliff-Perlen. Auf Basis dieser Grundtechnik wird ein Großteil der in diesem Buch gezeigten Schmuckstücke hergestellt.

Tipp: **Um sich mit dem Fädelmuster vertraut zu machen sollten Sie als erstes mit dem einreihigen Modell in drei Blautönen und mit drei Blüten beginnen.**

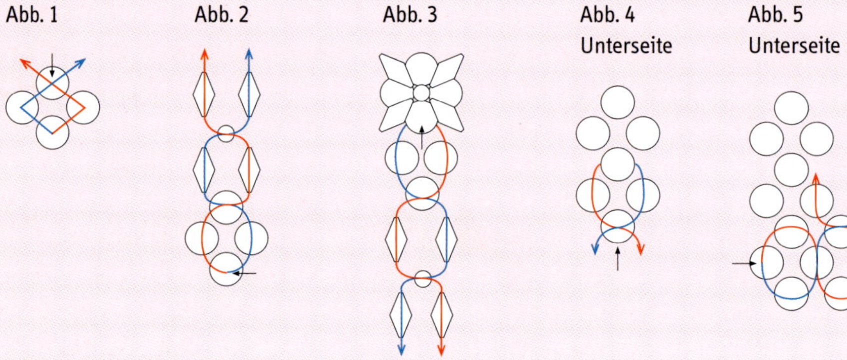


WEITERFÜHRUNG

## Blümchenringe

**1** Für die Unterseite vier Glasschliff-Perlen auf den Nylonfaden aufnehmen und durch die vierte kreuzen, also die beiden Fadenenden in entgegengesetzter Richtung durch die Perle (siehe Pfeile) führen. Die Arbeit in die Mitte des Fadens schieben. Mit den gleich langen Fäden (blau und rot dargestellt) weiterarbeiten (Abb.1).

**2** Für die erste Blüte auf der Oberseite pro Faden eine Swarovski®-Perle aufnehmen und durch eine Rocaille kreuzen. Nochmals eine Swarovski®-Perle pro Faden aufnehmen und durch die zuvor aufgenommene, mit Pfeil markierte Glasschliff-Perle kreuzen. Die Blüte wird so mit der Unterseite aus Glasschliff-Perlen fest verbunden (Abb. 2).

**3** Für die Unterseite der nächsten Blüte auf jedes Fadenende eine Glasschliffperle auffädeln und durch eine dritte kreuzen (Abb. 3). Arbeitsschritt 2 wiederholen und durch die mit Pfeil in Abb. 3 markierte Glasschliff-Perle kreuzen.

**4** Die Arbeit umdrehen und die Fäden durch die seitlichen Glasschliff-Perlen zurückführen (Abb. 4). Durch die mit Pfeil in Abb. 4 markierte Glasschliff-Perle kreuzen.

**5** Die dritte und jede weitere Blüte in einer Reihe gemäß Schritt 3 arbeiten.

**6** Die Unterseite der ersten Blüte in zweiter bzw. dritter Reihe gemäß Abb. 5 (statt Abb. 4) arbeiten. Die Blüte aus Swarovski®-Perlen und Rocailles auf der Oberseite, das Verbinden mit der Unterseite, das Zurückfädeln sowie das Kreuzen durch die Glasschliff-Perlen bleibt gleich. Immer in die Richtung, in der die nächste Blüte anschließen soll, weiterarbeiten.

**7** Für die Unterseite der zweiten und jeder weiteren Blüte in zweiter (dritter) Reihe werden nur noch zwei Glasschliff-Perlen benötigt (Abb. 6).

**8** In die vorhandenen Lücken zwischen den äußeren Glasschliff-Perlen je eine Rocaille fädeln (Abb. 7).
Dann die Ringschiene arbeiten. Das Muster der Ringschiene so lange fortführen, bis der Ring passt und den Ring schließen. Dann die Fäden verknoten bzw. verweben (siehe Seite 4).

Abb. 6
Unterseite

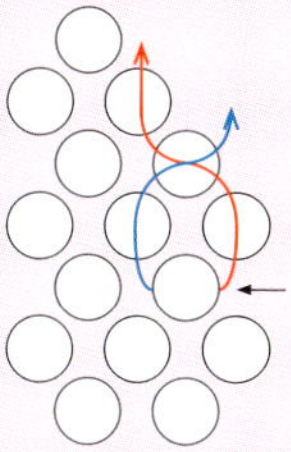

Abb. 7
Unterseite

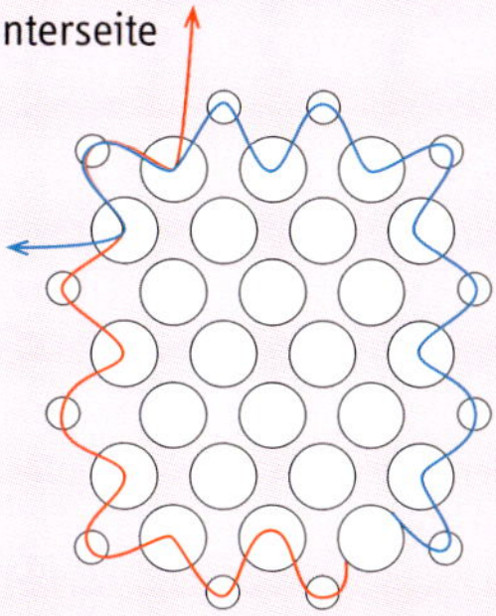

Ring in Blau (mit drei Blümchen)

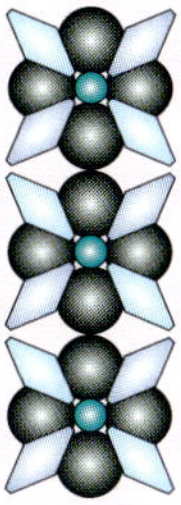

Ring in Grün und Transparent (mit vier Blümchen)

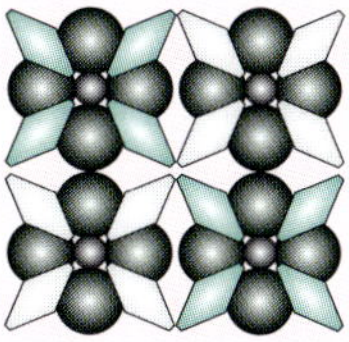

Ring in Transparent (mit sechs Blümchen)

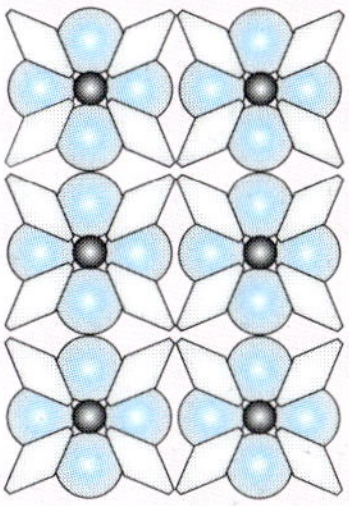

Ring in Türkis und Blau (mit neun Blümchen)

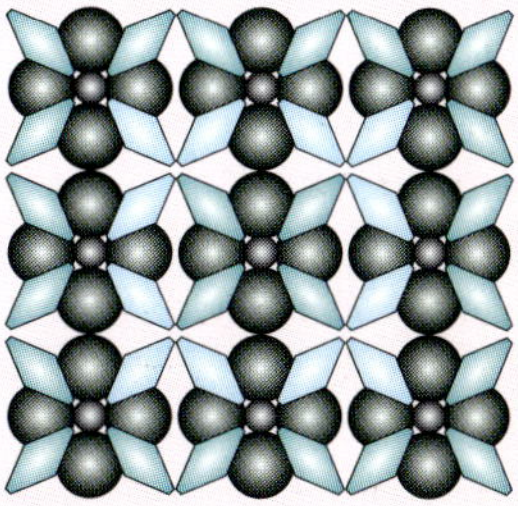

**MATERIAL RING IN ROTTÖNEN**

- 12 Swarovski®-Perlen in Amethyst, ø 4 mm
- 6 Swarovski®-Perlen in Klassikrot, ø 4 mm
- 6 Glasschliff-Perlen in Rubin, ø 4 mm
- 6 Glasschliff-Perlen in Rubin, ø 3 mm
- 6 Glasschliff-Perlen in Topas, ø 3 mm
- Rocailles in Orange-rot, ø 2 mm
- Nylonfaden, ø 0,25 mm, ca. 1,20 m lang

**RING IN GRÜNTÖNEN**

- 12 Swarovski®-Perlen in Jade, ø 4 mm
- 6 Swarovski®-Perlen in Rosa Chiffon, ø 4 mm
- 6 Glasschliff-Perlen in Smaragd, ø 4 mm
- 6 Glasschliff-Perlen in Smaragd, ø 3 mm
- 6 Glasschliff-Perlen in Rosa, ø 3 mm
- Rocailles in Orange-rot, ø 2 mm
- Nylonfaden, ø 0,25 mm, ca. 1,20 m lang

# Sternringe

→ extravagant

Die Ringe von innen nach außen arbeiten. Den Faden kräftig anziehen, späteres Anziehen ist durch die kreisförmige Fädelung sehr schwierig.

**1** Sechs Glasschliff-Perlen in Smaragd oder Rubin auffädeln und durch zwei Perlen kreuzen. Die Arbeit in die Mitte des Fadens schieben (Abb. 1).

**2** Mit einem Faden gegen, mit dem anderen im Uhrzeigersinn fädeln. Dabei Rocailles und Glasschliff-Perlen (ø 4 mm) aufnehmen (Abb. 2).

**3** In die Zwischenräume der eben aufgenommenen Glasschliff-Perlen kleinere Glasschliff-Perlen (ø 3 mm) aufnehmen (Abb. 3).

**4** Die Swarovski®-Perlen aufnehmen (Abb. 4). Die äußeren Ecken aus Swarovski®-Perlen aus Stabilitätsgründen nochmals zurückfädeln. Dann die Fäden durch beliebige Perlen so zurückführen, dass von einer roten bzw. smaragdfarbenen Glasschliffperle (ø 3 mm) ausgehend die Ringschiene (siehe Seite 4) gearbeitet werden kann.

**Tipp: Dieses Fädelmuster wiederholt sich in Form eines Anhängers auf Seite 30. Es wird dort als einfach eingestuft, da die Perlen größer sind und das Fädeln dadurch einfacher ist.**

Abb. 1

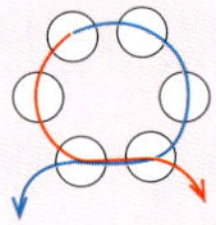

Abb. 2

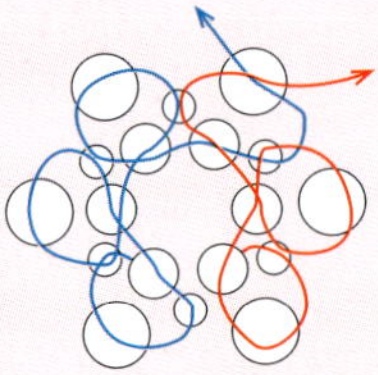

Abb. 3

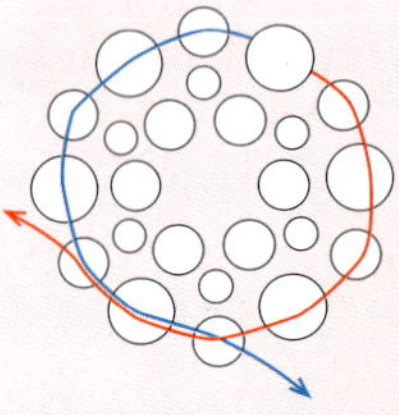

Abb. 4

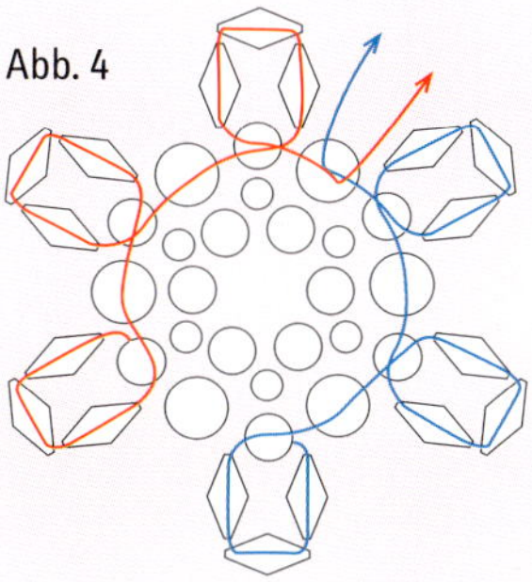

Ring in Rottönen

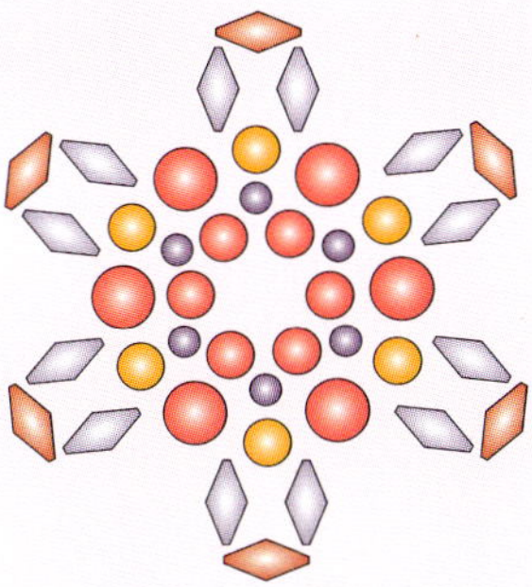

Ring in Grüntönen

# Kugelringe

→ apart

Abb. 5

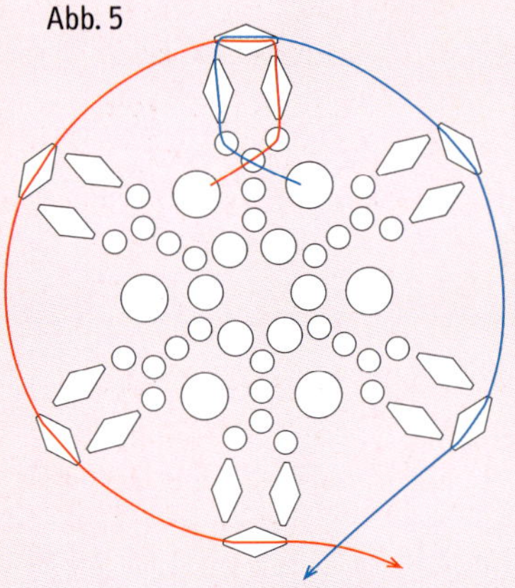

Abb. 6

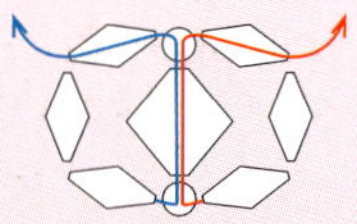

Das Fädelschema entspricht zunächst dem des Sternringes von Seite 11.

**1** In Abb. 2 (Seite 11) statt einer jeweils zwei Rocailles vor einer großen Glasschliff-Perle (ø 6 mm) aufnehmen.

**2** In Abb. 3 (Seite 11) Rocailles statt Glasschliff-Perlen zwischenfädeln, dadurch entsteht die Wölbung.

**3** Nach Abb. 4 (Seite 11) die Zacken des Sterns auffädeln, allerdings vor und nach den Swarovski®-Perlen je eine Rocaille aufnehmen, dann zusammenziehen. Den Kreis mit einem der Fäden ein zweites Mal fädeln. (Abb. 5).

**4** Dann den Mittelpunkt arbeiten (Abb. 6). Dazu auf beide Fäden eine Rocaille, eine Swarovski®-Perle (ø 6 mm) und wieder eine Rocaille ziehen. Anschließend die Fäden durch beliebige Perlen zurückführen.

**5** Die Ringschiene arbeiten und den Ring fertig stellen (siehe Seite 4).

**Tipp: Achten Sie unbedingt darauf, den Faden fest anzuziehen.**

Ring in Grün und Schwarz

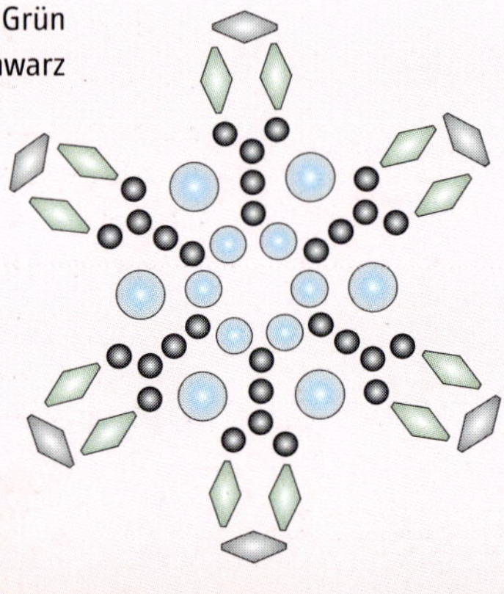

Ring in Karamell und Türkis

**MATERIAL**

**RING IN GRÜN UND SCHWARZ**

- Swarovski®-Perle in Smaragd, ø 6 mm
- 12 Swarovski®-Perlen in Smaragd, ø 4 mm
- 6 Swarovski®-Perlen in Schwarz, ø 4 mm
- 6 Glasschliff-Perlen in Bergkristall, ø 6 mm
- 6 Glasschliff-Perlen in Bergkristall, ø 4 mm (+ ca. 7 – 9 zusätzlich für Ringschiene)
- Rocailles in Schwarz gelüstert, ø 2 mm
- Nylonfaden, ø 0,25 mm, ca. 1,50 m lang

**RING IN KARAMELL UND TÜRKIS**

- Swarovski®-Perle in Karamell, ø 6 mm
- 12 Swarovski®-Perlen in Karamell, ø 4 mm
- 6 Swarovski®-Perlen in Ind. Türkis, ø 4 mm
- 6 Glasschliff-Perlen in Bergkristall, ø 6 mm
- 6 Glasschliff-Perlen in Bergkristall, ø 4 mm (+ ca. 7 – 9 zusätzlich für Ringschiene)
- Rocailles in Schwarz gelüstert, ø 2 mm
- Nylonfaden, ø 0,25 mm, ca. 1,50 m lang

# Schlichte Ringe

→ einfach und effektvoll

**MATERIAL RING IN ROSA, VIOLETT UND GRÜN**

- Swarovski®-Perle in Rosa Chiffon, ø 6 mm
- 4 Swarovski®-Perlen in Meergrün, ø 4 mm
- 10 Glasschliff-Perlen in Amethyst, ø 4 mm (+ ca. 6 – 8 zusätzlich für Ringschiene)
- Rocailles in Schwarz gelüstert, ø 2 mm
- Nylonfaden, ø 0,25 mm, ca. 1 m lang

**RING IN BLAUTÖNEN**

- Swarovski®-Perle in Ind. Türkis, ø 6 mm
- 4 Swarovski®-Perlen in Nachtblau, ø 4 mm
- 10 Glasschliff-Perlen in Jaspis, ø 4 mm (+ ca. 6 – 8 zusätzlich für Ringschiene)
- Rocailles in Schwarz gelüstert, ø 2 mm
- Nylonfaden, ø 0,25 mm, ca. 1 m lang

**RING IN ROSA UND HELLGRÜN**

- Swarovski®-Perle in Rosa Chiffon, ø 6 mm
- 4 Swarovski®-Perlen in Rosa Chiffon, ø 4 mm
- 10 Glasschliff-Perlen in Smaragd, ø 4 mm (+ ca. 6 – 8 zusätzlich für Ringschiene)
- Rocailles in Silber, ø 2 mm
- Nylonfaden, ø 0,25 mm, ca. 1 m lang

1 Vier Glasschliff-Perlen aufnehmen, durch die vierte kreuzen und in die Mitte des Fadens schieben. Drei Perlen aufnehmen, durch die dritte kreuzen, diesen Schritt nochmals wiederholen (Abb. 1). Dann auf jeden Faden eine Rocaille und eine Swarovski®-Perle (ø 4 mm) aufnehmen. Auf beide Fäden eine Rocaille, eine Swarovski®-Perle (ø 6 mm) und eine Rocaille aufnehmen. Die Fäden wieder trennen, auf jeden eine Swarovski®-Perle (ø 4 mm) und eine Rocaille aufnehmen. Dann die Fäden durch die mit Pfeil markierte Glasschliff-Perle kreuzen (Abb. 1).

2 Das angedeutete Muster der Ringschiene so lange fortführen, bis der Ring passt. Den Ring schließen, indem durch die in Abb. 2 mit Pfeil markierte Perle gekreuzt wird. Dann den Ring fertig stellen (siehe Seite 4).

Abb. 1

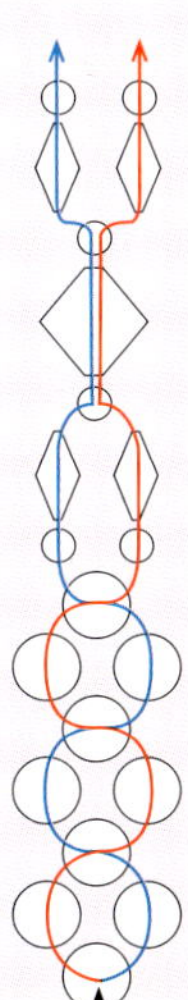

Abb. 2

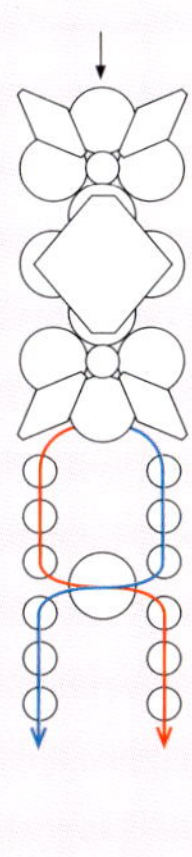

Ring in Rosa, Violett und Grün

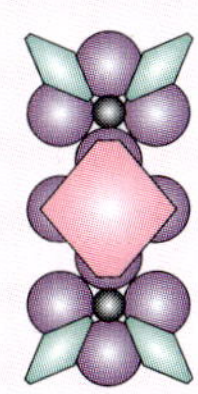

Ring in Blautönen

Ring in Rosa und Hellgrün

**MATERIAL RING IN BLAU-TÖNEN**

- 22 Swarovski®-Perlen in Azurblau, ø 4 mm
- 2 Swarovski®-Perlen in Orangerot, ø 4 mm
- Swarovski®-Perle in Nachtblau, ø 6 mm
- Rocailles in Silber, ø 2 mm
- Nylonfaden, ø 0,25 mm, ca. 1 m lang

**RING IN ROSA UND KARAMELL**

- 22 Swarovski®-Perlen in Karamell, ø 4 mm
- 3 Swarovski®-Perlen in Rosa Chiffon, ø 6 mm
- Rocailles in Orangerot, ø 2 mm
- Nylonfaden, ø 0,25 mm, ca. 1 m lang

**RING IN ORANGE UND GRÜN**

- 22 Swarovski®-Perlen in Oliv, ø 4 mm
- 2 Swarovski®-Perlen in Orangerot, ø 6 mm
- Swarovski®-Perle in Koralle, ø 6 mm
- Rocailles in Orange, ø 2 mm
- Nylonfaden, ø 0,25 mm, ca. 1 m lang

**RING IN KARAMELL UND GRÜN**

- 22 Swarovski®-Perlen in Jade, ø 4 mm
- 3 Swarovski®-Perlen in Karamell, ø 6 mm
- Rocailles in Schwarz gelüstert, ø 2 mm
- Nylonfaden, ø 0,25 mm, ca. 1 m lang

# Zackenringe

→ ausdrucksstark

**1** Für die Unterseite vier Swarovski®-Perlen aufnehmen und durch die vierte kreuzen. Die Arbeit in die Mitte des Fadens schieben (Abb. 1).

**2** Für die Oberseite pro Faden eine Swarovski®-Perle (ø 4 mm) aufnehmen und durch eine große Swarovski®-Perle (ø 6 mm) kreuzen. Nochmals eine Swarovski®-Perle (ø 4 mm) auf jeden Faden ziehen und durch die zuvor aufgenommene, mit Pfeil in Abb. 1 markierte Swarovski®-Perle kreuzen. Die Zacke wird so mit der Unterseite fest verbunden (Abb. 1).

**3** Für die Unterseite auf jedes Fadenende eine Swarovski®-Perle (ø 4 mm) auffädeln und durch eine dritte kreuzen. Arbeitsschritt 2 für die Oberseite wiederholen und durch die mit Pfeil markierte Swarovski®-Perle kreuzen (Abb. 2).

**4** Die Arbeit umdrehen und die Fäden durch die seitlichen Swarovski®-Perlen der Unterseite fädeln. Durch die mit Pfeil in Abb. 3 markierte Swarovski®-Perle kreuzen.

**5** Die dritte Unterseite und die dritte Zacke wie unter Arbeitsschritt 3 beschrieben arbeiten.

**6** Die Ringschiene arbeiten und den Ring gemäß der Anleitung auf Seite 4 fertig stellen.

Abb. 1

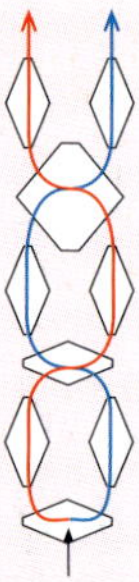

Abb. 2

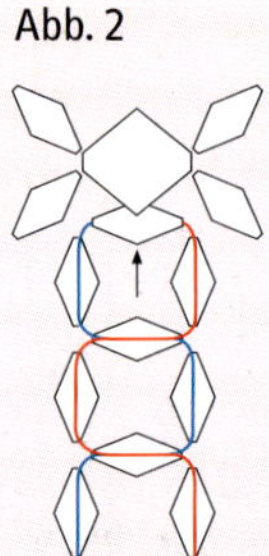

Abb. 3 Unterseite

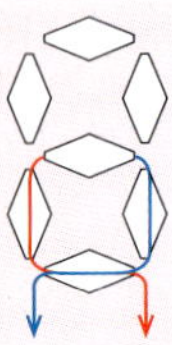

Ring in Blautönen

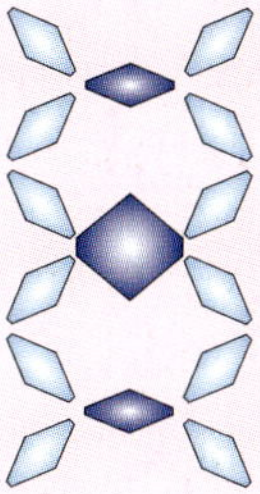

Ring in Rosa und Karamell

Ring in Orange und Grün

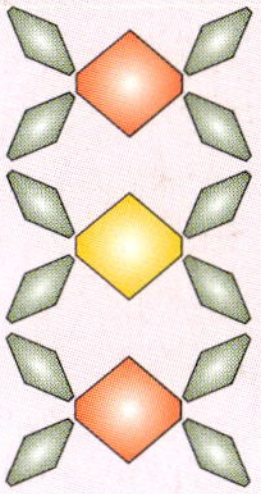

Ring in Karamell und Grün

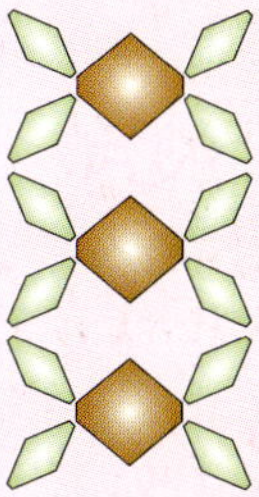

**MATERIAL ANHÄNGER IN ORANGE UND OLIV**

- 12 Glasschliff-Perlen in Bergkristall, ø 6 mm
- 8 Swarovski®-Perlen in Oliv, ø 6 mm
- 4 Swarovski®-Perlen in Orangerot, ø 6 mm
- Rocailles in Orangerot, ø 2 mm
- Nylonfaden, ø 0,25 mm, 3 x ca. 50 cm lang
- 6 Ringel in Silber, oval, ø ca. 4 mm
- Lederriemen in Orange, ca. 60 cm lang
- Verschluss für Lederriemen in Silber

**ANHÄNGER IN GRÜN UND VIOLETT**

- 12 Glasschliff-Perlen in Bergkristall, ø 6 mm
- 7 Glasschliff-Perlen in Jaspis, ø 4 mm
- 8 Swarovski®-Perlen in Jade, ø 6 mm
- 8 Swarovski®-Perlen in Violett, ø 6 mm
- Rocailles in Schwarz gelüstert, ø 2 mm
- Nylonfaden, ø 0,25 mm, ca. 1 m lang
- Ringel in Silber, oval, ø ca. 4 mm
- Lederriemen in Grün, ca. 60 cm lang

# Blümchenanhänger

→ vielseitig und variabel

**1** Alle Anhänger werden im Blümchenmuster gearbeitet (siehe Seite 8).

**2** Große Swarovski®-Perlen (ø 6 mm) verwenden, die Zwischenräume der seitlich liegenden Glasschliff-Perlen (ø 6 mm) mit Glasschliff-Perlen (ø 4 mm) bzw. bei den einzelnen Blümchen und an der Unterseite des blauen Anhängers mit Rocailles auffüllen. Die Arbeit gemäß der Anleitung auf Seite 4 abschließen.

**3** Als Aufhängung die Ringel etwas auseinander biegen und in den fertigen Anhänger einhängen. Den Lederriemen durch sie ziehen, die Ringel schließen und dann den Verschluss (siehe Seite 4) anbringen.

- Verschluss für Lederriemen in Silber

**ANHÄNGER IN BLAU**

- 16 Glasschliff-Perlen in Bergkristall, ø 6 mm
- 8 Glasschliff-Perlen in Aquamarin, ø 4 mm
- 12 Swarovski®-Perlen in Nachtblau, ø 6 mm
- 12 Swarovski®-Perlen in Azurblau, ø 6 mm
- Rocailles in Silber, ø 2 mm
- Nylonfaden, ø 0,25 mm, ca. 1 m lang
- 2 Ringel in Silber, oval, ø ca. 4 mm
- Lederriemen in Hellblau, ca. 60 cm lang
- Verschluss für Lederriemen in Silber

Anhänger in Orange und Oliv

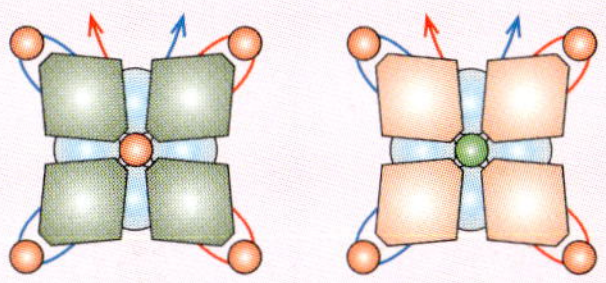

Anhänger in Grün und Violett

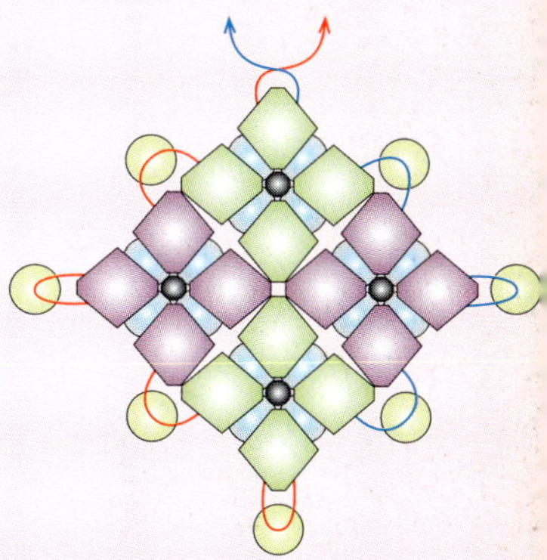

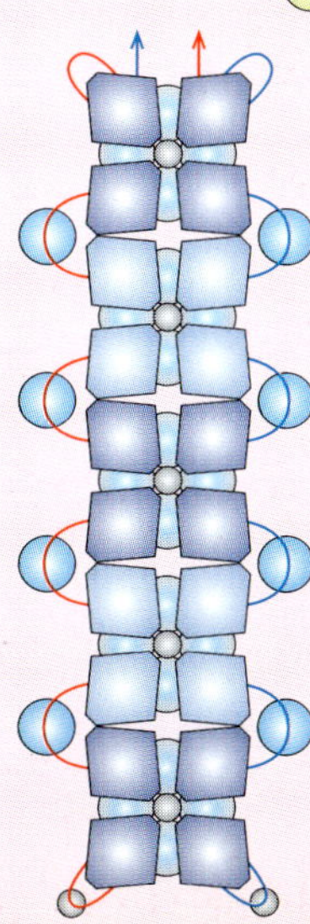

Anhänger in Blau

# Ketten

→ raffiniert und edel

**MATERIAL KETTE MIT ZWEI ANHÄNGERN**

- 8 Swarovski®-Perlen in Mondstein, ø 6 mm
- 10 Swarovski®-Perlen in Mondstein, ø 4 mm
- Rocailles in Schwarz gelüstert, ø 2 mm
- Schmuckdraht in Silber, ø 0,4 mm, ca. 70 cm lang
- 5 Quetschperlen in Silber, ø 1,8 mm
- Nylonfaden, ø 0,25 mm, 2 x 80 cm lang
- Verschluss in Silber

**V-FÖRMIGE KETTE**

- 28 Swarovski®-Perlen in Meergrün, ø 4 mm
- 110 Glasschliff-Perlen in Onyx, ø 4 mm
- Rocailles in Schwarz gelüstert, ø 2 mm
- 4 Quetschperlen in Silber, ø 1,8 mm
- Nylonfaden, ø 0,25 mm, ca. 2 m lang
- Verschluss in Silber

## Kette mit zwei Anhängern

Vorder- und Rückseite der Anhänger sind identisch.

1 Vier Rocailles und vier Swarovski®-Perlen (ø 6 mm) im Wechsel aufnehmen, in die Mitte des Fadens legen und durch die mit Pfeil 2 markierte Swarovski®-Perle kreuzen.

2 Für die Vorderseite auf jedes Fadenende je zwei Rocailles aufnehmen, die Fäden anschließend gemeinsam durch eine Swarovski®-Perle (ø 4 mm) führen und danach nochmals auf jedes Fadenende zwei Rocailles aufnehmen. Die Fäden durch die mit Pfeil 1 markierte Swarovski®-Perle kreuzen.

3 Für die Rückseite nochmals wie unter 2. beschrieben Rocailles und Swarovski®-Perlen aufnehmen und diese auf die Rückseite des Anhängers klappen. Durch die mit Pfeil 2 markierte Perle kreuzen.

4 Den zweiten Anhänger genauso arbeiten, dann die Fäden unauffällig verknoten. Die Anhänger am Schmuckdraht befestigen. Dazu ein Drahtende durch eine Swarovski®-Perle ziehen, zur Schlaufe legen und diese mit einer Quetschperle fixieren. Drei Swarovski®-Perlen (ø 4 mm) auffädeln. Mit einer Quetschperle die beiden Drähte gemäß der Abbildung zusammenfassen, dann den Verschluss anbringen.

## V-förmige Kette

1 Diese Kette wird anhand der Anleitung auf Seite 8 und mithilfe der nebenstehenden Skizze gearbeitet.

2 Für die Kette durch die an den oberen Kanten liegenden Glasschliff-Perlen jeweils einen Faden ziehen und mittig legen. Auf diesen doppelt genommenen Nylonfaden eine Quetschperle ziehen und nahe an der Glasschliff-Perle zusammendrücken. So viele Glasschliff-Perlen aufnehmen, bis die gewünschte Länge erreicht ist. Den Verschluss gemäß der Anleitung auf Seite 4 anbringen.

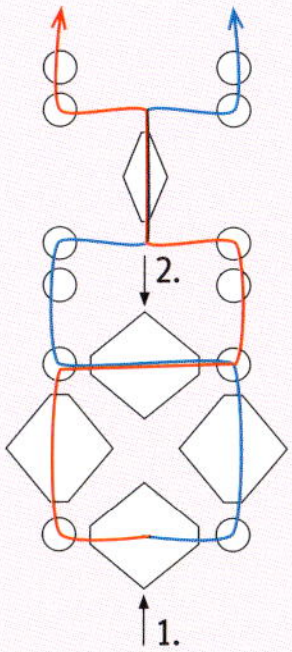


Kette mit zwei Anhängern

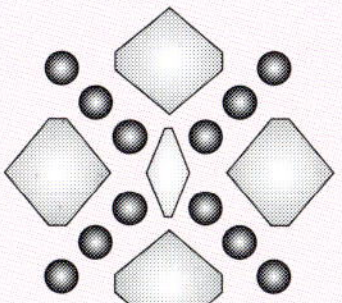

V-förmige Kette

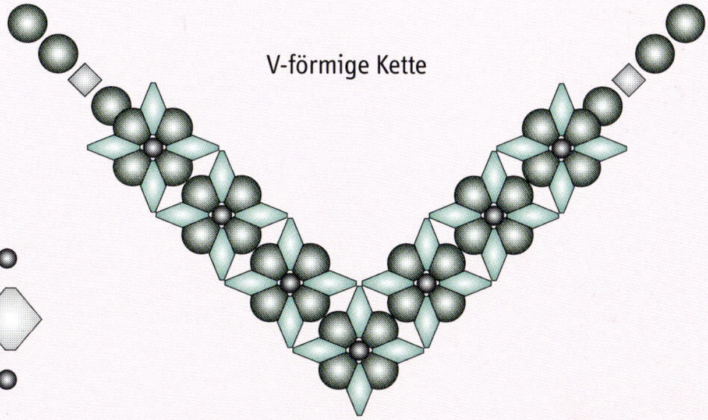

# Große Anhänger

→ prächtig und wertvoll

Anhänger in Karamell und Smaragd

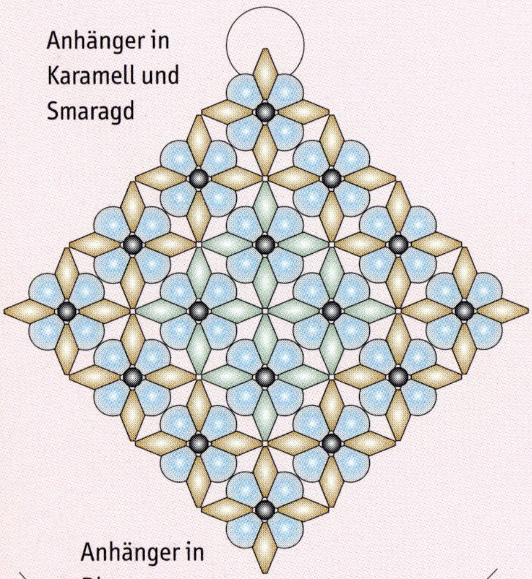

Anhänger in Blau

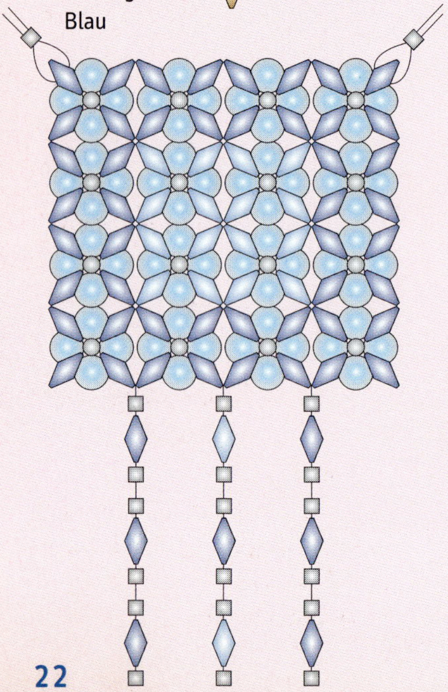

Zum Arbeiten der Anhänger an der allgemeinen Anleitung zum Blümchenmuster auf Seite 8 und den nebenstehenden Skizzen orientieren.

## Anhänger in Karamell und Smaragd

Gemäß der Anleitung zum Blümchenmuster auf Seite 8 und der nebenstehenden Skizze arbeiten. An einer Ecke des Vierecks einen Ringel in den Nylonfaden einhängen. Den Schmuckdraht in gewünschter Länge doppelt zuschneiden und den Verschluss wie auf Seite 3 beschrieben anbringen.

## Anhänger in Blau

**1** An den Stellen, wo die Kettelstifte angebracht werden, zwischen die Lücken der Glasschliff-Perlen keine Rocailles, sondern Kettelstifte auffädeln.

**2** Die Perlen aufziehen und mit Quetschperlen fixieren. Als Abschluss eine Quetschperle anbringen.

**3** Den Schmuckdraht mittig direkt durch die jeweils an der Ecke sitzenden Rocailles fädeln. Auf beiden Seiten die Drähte mit einer Quetschperle gemäß der Abbildung zusammenfassen. Den Verschluss gemäß Seite 3 anbringen und beide Drahtenden zusammenfassen.

**Tipp: Verwenden Sie für das Füllen der Lücken zwischen den seitlichen Glasschliff-Perlen größere Rocailles. Diese spreizen den Anhänger und verhindern so das Aufwölben.**

**MATERIAL ANHÄNGER IN KARAMELL UND SMARAGD**

- 64 Glasschliff-Perlen in Bergkristall, ø 4 mm
- 48 Swarovski®-Perlen in Karamell, ø 4 mm
- 16 Swarovski®-Perlen in Smaragd, ø 4 mm
- Rocailles in Schwarz gelüstert, ø 2 mm (Blütenmitten)
- Rocailles in Transparent, ø 2,6 mm (für die Zwischenräume der seitlichen Glasschliff-Perlen)
- Ringel in Gold, oval, 0,8 mm
- 2 Quetschperlen in Gold, ø 1,8 mm
- Nylonfaden, ø 0,25 mm, ca. 2 m lang
- Schmuckdraht in Gold, ø 0,4 mm, ca. 80 cm lang
- Verschluss in Gold

**ANHÄNGER IN BLAU**

- 64 Glasschliff-Perlen in Bergkristall, ø 4 mm
- 18 Swarovski®-Perlen in Azurblau, ø 4 mm
- 55 Swarovski®-Perlen in Nachtblau, ø 4 mm
- Rocailles in Silber, ø 2 mm (Blütenmitten)
- Rocailles in Transparent, ø 2,6 mm (für die Zwischenräume der seitlichen Glasschliff-Perlen)
- 3 Kettelstifte in Silber, 35/0,8 mm
- 22 Quetschperlen in Silber, ø 1,8 mm
- Nylonfaden, ø 0,25 mm, ca. 2 m lang
- Schmuckdraht in Silber, ø 0,4 mm, ca. 80 cm lang
- Verschluss in Silber

**MATERIAL**

- 28 Swarovski®-Perlen in Granat, ø 4 mm
- 22 Glasschliff-Perlen in Onyx, ø 4 mm
- 21 Rocailles in Schwarz gelüstert, ø 2 mm
- Nylonfaden, ø 0,25 mm, ca. 1 m lang
- Schmuckdraht in Gold, ø 0,4 mm, ca. 50 cm lang
- Verschluss in Gold

# Kreuzanhänger

→ ganz modisch

**1** Das Kreuz gemäß der allgemeinen Anleitung auf Seite 8 und der nebenstehenden Skizze arbeiten.

**2** Unten am Kreuz mit Fädeln beginnen. Nachdem die Blüte der Kreuzmitte fertig gestellt ist, die linke und dann über die Unterseite der Kreuzmitte die rechte Strebe arbeiten, danach die Spitze. Die Fäden verknoten. Den Schmuckdraht direkt durch die an der Kreuzspitze sitzenden Glasschliff-Perlen fädeln und dann gemäß der Anleitung auf Seite 3 den Verschluss anbringen.

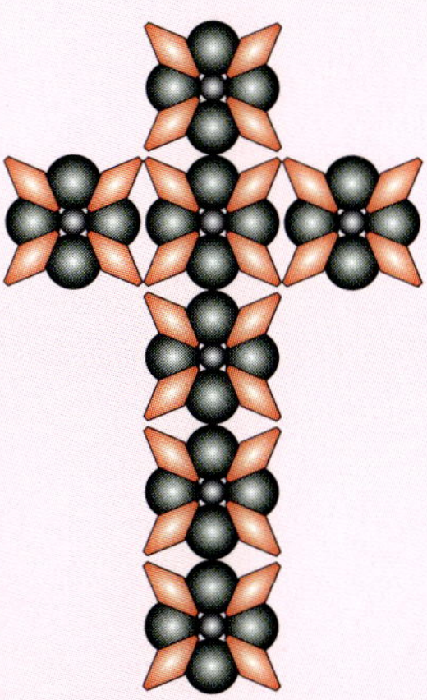

Tipp: **Durch die Glasschliff-Perlen in der Mitte des Kreuzes wird sehr oft gefädelt. Dies ist mit Nylonfaden, ø 0,25 mm, gerade noch möglich, jedoch sehr mühsam. Sie können auch einen etwas dünneren Faden (ø 0,15 mm) verwenden.**

# Colliers

→ schlicht und schön

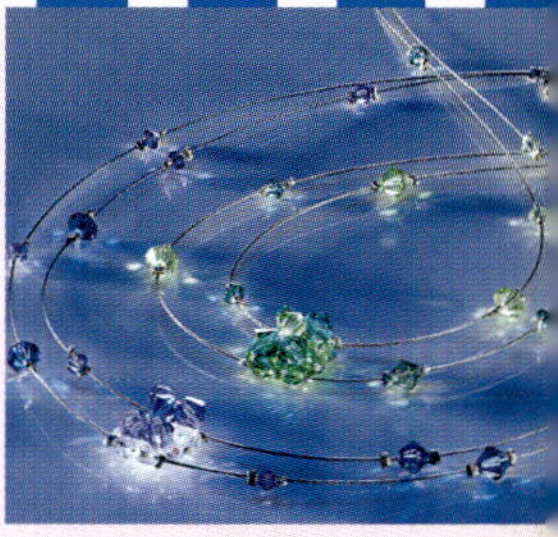

**MATERIAL COLLIER IN BLAU**

- 7 Swarovski®-Perlen in Azurblau, ø 6 mm
- 4 Swarovski®-Perlen in Nachtblau, ø 6 mm
- 3 Swarovski®-Perlen in Azurblau, ø 4 mm
- 4 Swarovski®-Perlen in Nachtblau, ø 4 mm
- 12 Glasschliff-Perlen in Aquamarin, ø 4 mm
- Rocailles in Silber, ø 2 mm
- Schmuckdraht in Dunkelblau, ø 0,4 mm, ca. 1,20 m lang
- 32 Quetschperlen in Silber, ø 1,8 mm
- Verschluss in Silber
- Nylonfaden, ø 0,25 mm, ca. 1 m lang

**COLLIER IN GRÜN**

- 7 Swarovski®-Perlen in Ind. Türkis, ø 6 mm
- 4 Swarovski®-Perlen in Jade, ø 6 mm
- 3 Swarovski®-Perlen in Ind. Türkis, ø 4 mm
- 4 Swarovski®-Perlen in Jade, ø 4 mm
- 12 Glasschliff-Perlen in Smaragd, ø 4 mm
- Rocailles in Silber, ø 2 mm
- Schmuckdraht in Silber, ø 0,4 mm, ca. 1,20 m lang
- 32 Quetschperlen

WEITERFÜHRUNG

# Colliers

**1** Die Unterseite für den Anhänger aus 12 Glasschliff-Perlen (ø 4 mm) arbeiten. Nach dem ersten Kreuzen die Arbeit in die Mitte des Fadens schieben und gemäß Abb. 1 weiterfädeln.

**2** In jede zweite Lücke zwischen den seitlichen Glasschliff-Perlen Rocailles fädeln (Abb. 2).

**3** Für die Oberseite auf jedes Fadenende eine Swarovski®-Perle (6 mm) aufnehmen, dann beide Fäden durch eine weitere Swarovski®-Perle (ø 6 mm) führen (Abb. 3).

**4** Die Fäden wieder trennen und jeweils eine weitere Swarovski®-Perle (ø 6 mm) aufnehmen. Die Oberseite gemäß Abb. 3 durch Kreuzen mit der Unterseite (hier mehrere Perlen) verbinden. Die Arbeit wie auf Seite 4 beschrieben fertig stellen.

**5** Den Schmuckdraht für die Kette so teilen, dass der untere, halsferne Draht ca. 2 cm länger ist als der halsnahe, obere. Das Mittelstück auf beide Drähte aufziehen. Dazu den Draht durch die oben bzw. unten liegenden Perlen (Glasschliff – Rocaille – Glasschliff) fädeln und mit Quetschperlen fixieren.

**6** Die übrigen Swarovski®-Perlen gemäß der Abbildung mit Quetschperlen anbringen. Auf einer Seite die beiden Drahtenden gemeinsam zu kleinen Schlaufen legen und diese mit Quetschperlen fixieren. Auf der anderen Seite beide Drahtenden zusammen nehmen und mithilfe von Quetschperlen den Verschluss anbringen (siehe Seite 3).

**Tipp: Verknoten bzw. verweben Sie die Fäden möglichst in den mittig liegenden Glasschliff-Perlen, sonst lässt sich der Schmuckdraht zum Aufhängen schwer durch die seitlich liegenden Perlen fädeln.**

Abb. 1

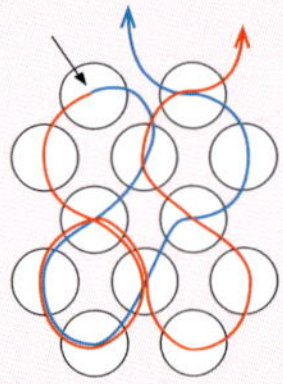

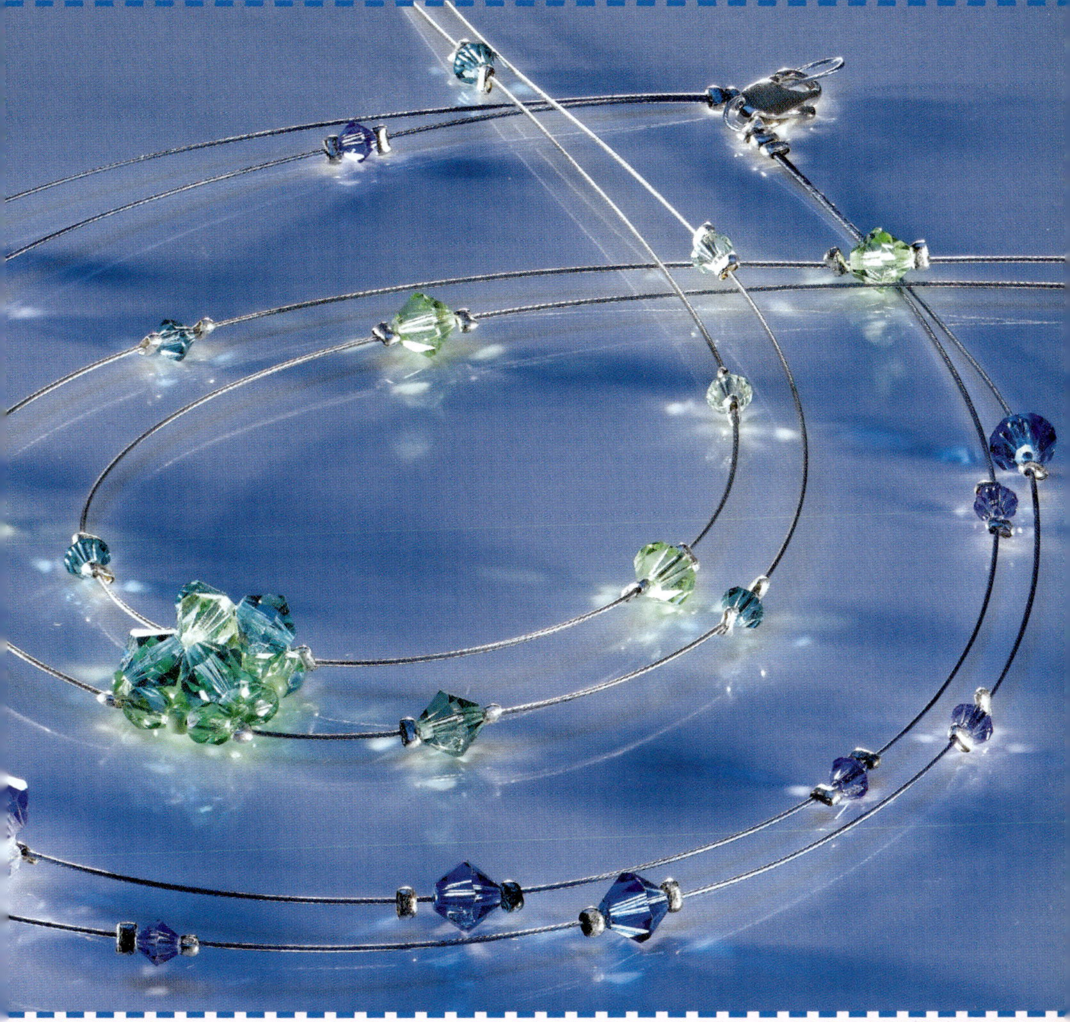

Abb. 2

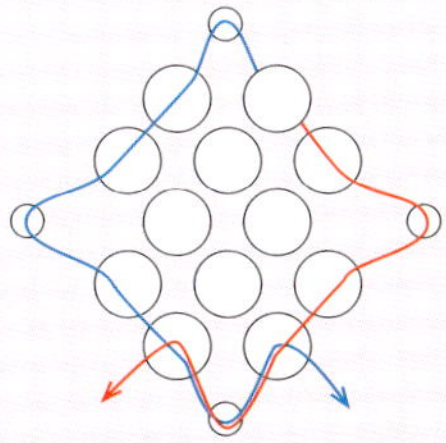

Abb. 3

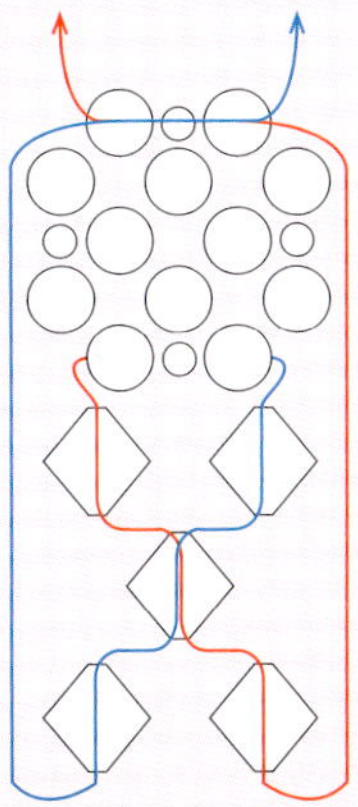

Collier in Blau

Collier in Grün

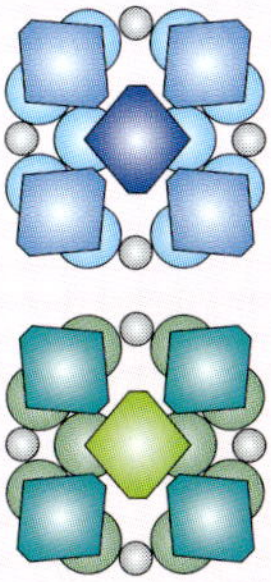

Abb. 1

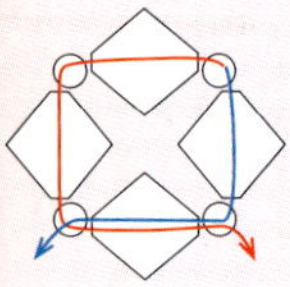

Abb. 2

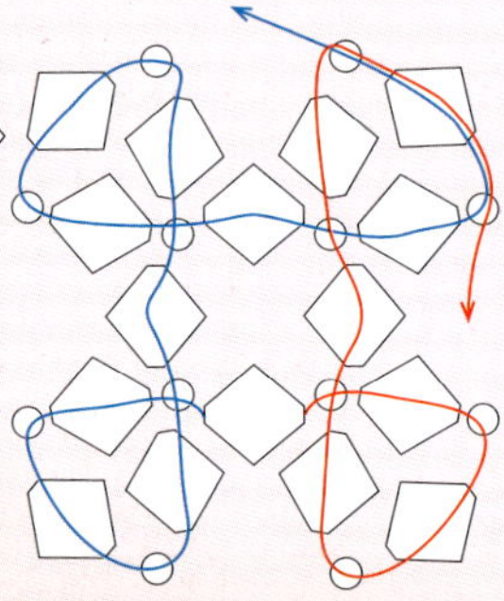

Abb. 3

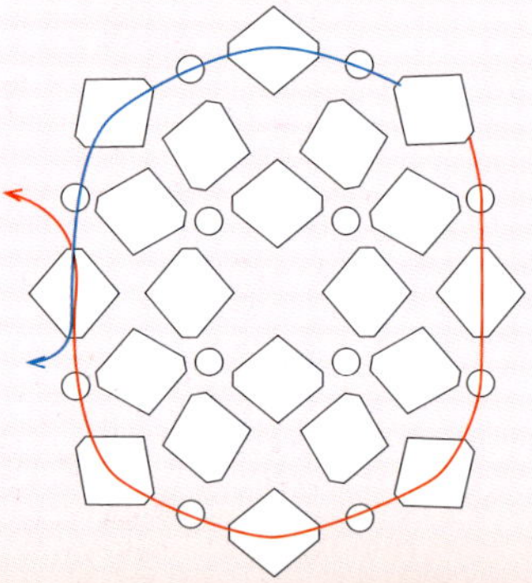

Medaillon in Violett und Hellgrün

# Medaillons

→ hübscher Blickfang

Alle Medaillons werden auf die gleiche Art, allerdings in verschiedenen Farben, gearbeitet.

**1** Vier Swarovski®-Perlen und vier Rocailles im Wechsel aufnehmen und durch eine Rocaille, eine Swarovski®-Perle und eine Rocaille kreuzen. Die Arbeit in die Mitte des Fadens ziehen (Abb. 1).

**2** Mit einem Faden gegen, mit dem anderen Faden mit dem Uhrzeigersinn arbeiten. Pro Faden eine Swarovski®-Perle, eine Rocaille, eine Swarovski®-Perle, eine Rocaille und wieder eine Swarovski®-Perle aufnehmen, dann den Faden durch die in Schritt 1 aufgenommene Rocaille führen (Abb. 2). Durch die in Schritt 1 aufgenommene Swarovski®-Perle und die anschließende Rocaille weiterführen. Dann wieder eine Swarovski®-Perle, eine Rocaille, eine Swarovski®-Perle, eine Rocaille und eine Svarovski®-Perle aufnehmen. Mit dem anderen Faden in die Gegenrichtung genauso arbeiten und dabei an Abb. 2 orientieren.

**3** Auf jeden Faden eine Swarovski®-Perle aufnehmen und die Fäden durch die bereits aufgezogenen Perlen (Rocaille – Swarovski® – Rocaille) ziehen (Abb. 3). Dann die Fäden unauffällig verknoten (siehe Seite 4).

**4** Für die Aufhängung je drei Ringel aufbiegen, ineinander hängen und links und rechts neben einer am Rand liegenden Swarovski®-Perle in den Nylonfaden einhängen. Den Lederriemen durchziehen, die Ringel wieder zubiegen. Den Lederriemen durch Verknoten schließen.

Medaillon in Amethyst und Rosa

Medaillon in Rosa und Karamell

**MATERIAL MEDAILLON IN VIOLETT UND HELLGRÜN**

- 12 Swarovski®-Perlen in Violett, ø 6 mm
- 8 Swarovski®-Perlen in Hellgrün, ø 6 mm
- Rocailles in Orangerot, ø 2 mm
- 6 Ringel in Silber, oval, ø ca. 4 mm
- Lederriemen in Grün, ca. 60 cm lang

**MEDAILLON IN AMETHYST UND ROSA**

- 12 Swarovski®-Perlen in Amethyst, ø 6 mm
- 8 Swarovski®-Perlen in Rosa, ø 6 mm
- Rocailles in Rot, ø 2 mm
- 6 Ringel in Silber, oval, ø ca. 4 mm
- Lederriemen in Lila, ca. 60 cm lang

**MEDAILLON IN ROSA UND KARAMELL**

- 12 Swarovski®-Perlen in Rosa Chiffon, ø 6 mm
- 8 Swarovski®-Perlen in Karamell, ø 6 mm
- Rocailles in Hellgrün, ø 2 mm
- 6 Ringel in Silber, oval, ø ca. 4 mm
- Lederriemen in Hellgrün, ca. 60 cm lang

**MATERIAL ANHÄNGER IN GRÜNTÖNEN**

- 12 Swarovski®-Perlen in Meergrün, ø 6 mm
- 6 Swarovski®-Perlen in Rosa Chiffon, ø 6 mm
- 6 Glasschliff-Perlen in Smaragd, ø 6 mm
- 6 Glasschliff-Perlen in Smaragd, ø 4 mm
- 6 Glasschliff-Perlen in Amethyst, ø 4 mm
- 6 Glasschliff-Perlen in Amethyst, ø 3 mm
- 2 Ringel in Silber, oval, ø ca. 4 mm
- Haken in Silber
- Lederriemen in Beige, ca. 60 cm lang
- Nylonfaden, ø 0,25 mm, ca. 1,20 m lang

**ANHÄNGER IN ROTTÖNEN**

- 12 Swarovski®-Perlen in Amethyst, ø 6 mm
- 6 Swarovski®-Perlen in Granat, ø 6 mm
- 6 Glasschliff-Perlen in Rubin, ø 6 mm
- 6 Glasschliff-Perlen in Rubin, ø 4 mm
- 6 Glasschliff-Perlen in Topas, ø 4 mm
- 6 Glasschliff-Perlen in Amethyst, ø 3 mm
- 2 Ringel in Silber, oval, ø ca. 4 mm
- Haken in Silber
- Lederriemen in Lila, ca. 60 cm lang
- Nylonfaden, ø 0,25 mm, ca. 1,20 m lang

# Sternanhänger

→ zauberhaft

**1** Die Anhänger gemäß der Anleitung für die Sternringe auf Seite 10/11 fädeln. Zum Aufhängen zwei Ringel aufbiegen und gemäß der Abbildung neben einer Swarovski®-Perle am Nylonfaden anbringen. Einen Haken in die Ringel einhängen, dann diese wieder zubiegen. Den Haken auf den Lederriemen ziehen und durch Zubiegen fixieren.

**2** Den Lederriemen mit einem Knoten im Nacken schließen.

Tipp: **Haken bekommen Sie im Handarbeitsgeschäft und im Bastelfachhandel.**

Anhänger in Grüntönen

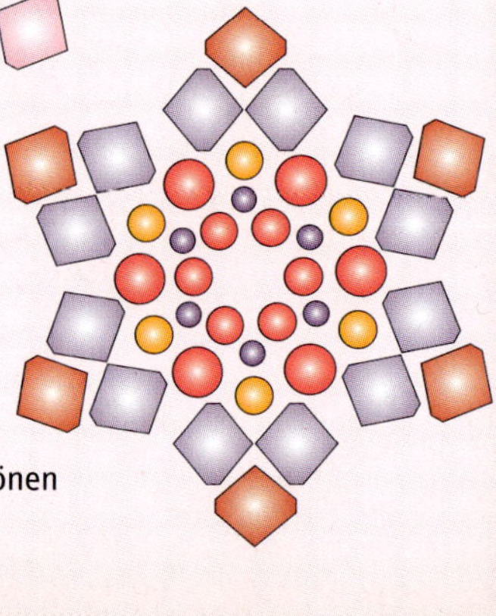

Anhänger in Rottönen

# Ensemble

→ Kombinations-vorschlag

Hier sehen Sie, wie schön es wirkt, wenn Sie Ring und Kette miteinander kombinieren. Der Sternanhänger von Seite 31 harmoniert sehr schön mit dem Sternring von Seite 11.

IMPRESSUM

Wir danken der Firma Rayher Hobby GmbH, Laupheim, für die freundliche Unterstützung.

FOTOS: frechverlag GmbH, 70499 Stuttgart; Fotostudio Ullrich & Co., Renningen
DRUCK: frechdruck GmbH, 70499 Stuttgart



| Auflage: | 5. | 4. | 3. | 2. | 1. | |
|---|---|---|---|---|---|---|
| Jahr: | 2008 | 2007 | 2006 | 2005 | 2004 | [Letzte Zahlen maßgebend] |

ISBN 3-7724-3284-0
Best.-Nr. 3284